これだけは知っておきたい「働くこと」の決まり **10代からのワークルール**

④
ワークルールで
つくる豊かな社会

監修 上西充子

旬報社

目　次

はしがき ……………………………………………………………………… 4

第1章　仕事の時間と自分の時間はどちらも大切

- **Q.** 日本人って働きすぎてるの? ………………………………………… 6
- **Q.** 残業って何時間までOKなの? ………………………………………… 8
- **Q.** 休む暇もないのに、どうして二つの仕事を掛け持ちする人がいるの? … 12
- **Q.** 働きすぎの環境を改善するための制度はあるの? ………………… 14
- **Q.** 会社には、どんなお休みがあるのですか? ………………………… 16
- **Q.**「ワークシェアリング」ってなんですか? …………………………… 18
- **コラム** 労使協定ってなに? ………………………………………………… 11
- **コラム** 36（サブロク）協定ってなに? ……………………………………… 11
- **コラム**「仕事は1日8時間」っていつ決まったの? …………………… 20

第2章　女性も男性ももっと働きやすい社会に

- **Q.** 女性はどうして会社のなかで出世できないの? …………………… 22
- **Q.** 男性は会社のなかで女性よりも得をしているの? ………………… 24
- **Q.** 仕事と生活を両立できる社会の実現は、可能ですか? …………… 26
- **Q.** 育児が必要になったとき、どんな制度が利用できますか? ……… 29
- **Q.** 家族の介護で必要になったとき、どんな制度が利用できますか? … 32
- **Q.**「フレックスタイム制」ってどんな働き方なんですか? …………… 34
- **Q.** 子育てや介護のために、短時間の勤務は可能なの? ……………… 36

第3章 多様な社会は自分も他人も暮らしやすい

- Q. 最近、「ダイバーシティ」という言葉を聞きますが、どのような意味ですか? ……… 40
- Q. 企業は女性の活躍を支援するためにどのようなことをしているの? ……… 42
- Q. 体や心に障害を負っている人でも会社で働くことはできるのですか? ……… 44
- Q. 外国人が日本の企業で働くとなにかよいことがあるの? ……… 47
- Q. 最近よく聞くLGBTってなに? 職場で働くときに苦労はないの? ……… 50
- Q. 働きやすい職場に勤めるためにどうしたらよいですか? ……… 54
- コラム 精神障害者の雇用義務化 ……… 46
- コラム イスラム教徒と一緒に働く場合、なにに注意すればいい? ……… 49

ワークルールに詳しい
フクロウ先生

ワークルールを学ぶ
ヒヨコさん

はしがき

　本書は、豊かな社会をつくるために必要な、「理想的な働き方」や「理想的な職場のあり方」を解説・提案するものです。アルバイトや社員として職場で働くときに起こるトラブルの解決については、労働法がベースとなります。しかし、仕事の現場には、法律だけでは対処できない課題もたくさんあります。「長時間労働の問題」や、「女性が職場でなかなか活躍できない状況」、あるいは「障害者や外国人などのマイノリティ（少数者）が日本企業で働くことの難しさ」などの課題は、そこで働く一人ひとりの意識が変わり、それにあと押しされる形で会社の制度自体も変わっていかなければ、その解決は難しいと言えるでしょう。

　本書では、中学生や高校生のみなさんが、将来仕事に就いたとき、こうした課題をどのように理解し、いかに解決していけばいいのか、その考え方の糸口を解説してみました。

　まず、「第1章　仕事の時間と自分の時間はどちらも大切」では、いま問題となっている長時間労働などの「働きすぎ」の問題を取り上げ、その現状とそれを解決するための新しい取り組みについて解説します。「第2章　女性も男性ももっと働きやすい社会に」では、男性も女性も職場で生き生きと活躍し、家庭においても豊かな生活を享受する「ワークライフバランス」の考え方について解説します。「第3章　多様な社会は自分も他人も暮らしやすい」では、女性や障害者、外国人、LGBT（性的少数者）などの多様な人たちが、同じ職場で協力し、尊重し合いながら働く「ダイバーシティ」のあり方について解説します。

　本書で紹介するような、「理想的な働き方」や「理想的な職場のあり方」を実現していくためには、自分たちで声を上げ、現状を変えていくことが必要です。みなさんが職場で働くとにきに、そのことを思い出してくれれば幸いです。

第1章
仕事の時間と自分の時間はどちらも大切

Q 日本人って働きすぎてるの？

私のお父さんは、夜9時すぎにならないと、いつも仕事から帰ってきません。たまに帰宅時間が、私が寝たあとの夜12時くらいになってしまうこともあるそうです。この前、テレビを見ていたら、会社で残業をやりすぎて、亡くなってしまった会社員のニュースをやっていました。1ヵ月に100時間もの残業をやっていたそうです。日本人って働きすぎなのでしょうか？

A 日本人は働きすぎています。

かつて日本人は「働きバチ」と言われていたけど……

1960年代から70年代前半の高度成長期、日本人は労働時間が非常に長かったため、世界から「働きバチ」と言われていたんだよ。

その後、海外の国々との貿易摩擦をきっかけとして、海外から「日本人は働きすぎだ！」という批判を受けるようになり、1987年に法律が改正され、労働時間の規定が従来の「1日8時間、週48時間以内」から「1日8時間、週40時間以内」に変わることになったんだ。これは当時、2,100時間前後だった年間実労働時間を、1,800時間程度にまで引き下げることを目標に行われた施策なんだ。

労働時間はずいぶん減ったんですね。これでもう「働きバチ」と呼ばれることもなくなったんですか。

実はそうでもないんだよ。あとでまた説明するけど、週48時

間以内から週40時間以内に労働時間は減ったけれど、これは、法定労働時間と言って通常の勤務時間のこと。このなかに、「残業時間（法定外労働時間）」は含まれていないんだ。

法定労働時間が減っても、残業が増えちゃえば、働きすぎであることには変わりないですよね。

先進国のなかで日本は残業も多く休暇も取れていない

先進国と言われているOECD各国の年間平均実労働時間を記したのが、下の表だ。これは「年間平均実労働時間」なので、残業時間も含まれている数字なんだけど、2017年現在で、日本は順位では17位、年間平均実労働時間では1,710時間となっている。つまり、トップのドイツとはずいぶんと開きがある。

でも、残業時間を含めた労働時間で1,710時間なら、1987年当時よりも、改善されているんじゃないですか？

実は、この数字にはカラクリがあるんだ。これは、労働時間が短いパート労働者も含めた数字なんだよ。パート労働者を除いた一般の労働者の実労働時間で見てみると、ほとんど減っていないのが実情なんだ（厚生労働省「毎月勤労統計」）。

特に30代の男性や40代の男性では週60時間以上働いている労働者が15％もいるんだ（内閣府「平成30年版男女共同参画白書」）。つまり週に20時間以上の残業をしているってことだよね。家に帰るのは何時になるのかな。本当は、子育てや家庭のことにもかかわりたいし、かかわる必要がある年齢の人たちだよね。

これじゃ、「働きすぎ」と言われてもしかたないですね。

もっと残業も減らし、休暇もたくさん取るようになればいいんだけどね。

各国の年間平均実労働時間

順位	国名	年間平均実労働時間	順位	国名	年間平均実労働時間
1	ドイツ	1,356	10	オーストリア	1,613
2	デンマーク	1,408	11	フィンランド	1,628
3	ノルウェー	1,419	12	スロベニア	1,655
4	オランダ	1,433	13	オーストラリア	1,676
5	フランス	1,514	14	イギリス	1,681
6	ルクセンブルク	1,518	15	スペイン	1,687
7	ベルギー	1,546	16	カナダ	1,695
8	スイス	1,570	17	日本	1,710
9	スウェーデン	1,609	18	スロバキア	1,714

（出所）OECDホームページ "Hours Worked" より作成。

Q 残業って何時間までOKなの?

最近、劣悪な働かせ方の話をよく聞きます。こうした会社では、「徹夜で働かされた」「仕事が終わらず休日出勤をさせられた」など、厳しい残業や休日出勤で悩んでいる人が多いそうです。日本では、いったい残業などは、法律的に何時間まで認められているのでしょうか。

A 基本的に、残業は法律違反です。

1日8時間、週40時間を超える労働は基本NG!

確かに最近、過酷な残業（時間外労働）の話をテレビや新聞で目にする機会が増えたね。また、劣悪な会社でなくても、普通の残業なら、日本の会社ならけっこう行っているよね。でもヒヨコさん。聞いて驚かないでくださいね。本当は残業は、日本の法律では認められていないんです!

エッェェ〜! 残業は日本では認められていないんですかっ!

でも残業ってやってますよね! なんで認められていないんですか?

労働基準法という法律では、1日8時間、週に40時間を超える労働は、原則としては認められていないんだ。だから、どんなに短い残業であろうと、この時間を超えて会社が従業員に労働をさせることは、法律違反になってしまうんだね。

じゃあ、どうしてみんなは、実際に残業しているのですか?

それは、会社と労働者が話し合って、労働者が「残業してもいいよ」

と認めれば（労使協定、11ページ参照）、その範囲内で残業させることができることになっているんだ。

ただし、適当に口約束などで労使協定を結ぶことはできないよ。これは労働者の過半数が入った労働組合か、そういう労働組合がなければ、労働者の過半数に承認された代表者と会社との話し合いで決められ、その内容を書面として労働基準監督署に提出しなければならないんだ。

そうした手続きが行われて初めて、会社は従業員に残業を頼むことができるんだ。

 知らなかった！　働く人が残業を認めなければ、会社は残業をさせられないんですね。

労働者がOKして初めて残業が認められる

ちょっと難しい話をすると、このことは労働基準法第36条に定められていることなので、残業に関する労使協定のことを、「36（サブロク）協定」（11ページ参照）と呼ぶんだな。

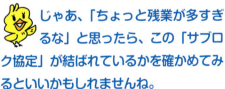 じゃあ、「ちょっと残業が多すぎるな」と思ったら、この「サブロク協定」が結ばれているかを確かめてみるといいかもしれませんね。

そのとおり。でもね、協定が結ばれているからといって、何時間でも残業をさせられるわけではないのだよ。残業をさせることができるのは、たとえば1ヵ月間では45時間までとされているんだ。1日の残業に換算すると、およそ2時間とちょっと。これを超えてしまうと、健康障害のリスクが高まってしまうんだ。

 えっ！　でも、もっと残業をやっている人って結構いませんか？

そう。もっと残業をやっている人はたくさんいるよ。でも、その場合には、通常の「36協定」だけではなく、「特別条項付き36協定」というのを、労働者と使用者との間で結んでおく必要があるんだ。これは、「臨時的」あるいは「突発的」に、どうしても残業をやらないければならない場合にのみに認められるものなんだ。

 そう言えば、法改正がされたとか。

そうなんだよ。これまでは、特別条項付き36協定に上限がなかったから、月100時間以上もの時間外労働をやらされるケースもたくさんあったんだね。それが「働き方改革」による労働基準法の改正によって、月45時間、年360時間という時間外労働の原則的な上限（限度時間）が定められ、特別条項付き36協定にも1ヵ月100時間未満、複数月平均で80時間以下という上限（休日労働を含む）が設けられることになったんだよ（2019年4月施行。中小企業は2020年4月施行）。

それはよかったですね。これで長時間残業は解消されますね！

いやいや、それは違うよ。たとえば1ヵ月80時間の残業ということは、週休2日制の場合、1日の残業時間は平均4時間ということになるよね。定時の仕事の時間が、9時〜18時だと考えると、これからさらに4時間の残業することになるから、22時まで仕事を

しなければならないんだ。これは、長時間残業以外のなにものでもない。ちなみに、月80時間を超える残業は「過労死ライン」と呼ばれて、過労死の危険が心配される水準なんだ

 通勤時間とかも考えると、まともに食事をしたり睡眠をとったりすることもできませんよね！

だから、上限ができたことはよいことだけれど、この数字を基準に考えてはいけないな。残業時間の上限は、労働者と会社との36協定で決められることはすでに説明したよね。限度時間はあくまで月45時間、年360時間だから、働く人たちは自分たちの健康を害さないように、その限度時間内に協定の残業時間を抑えるように求めていくことが大切だよね。

それに、特別条項による延長も、通常予測することのできない仕事の大幅な増加に伴って、あくまで臨時的に働かせる場合だけ認められて、恒常的に長時間労働とならないよう国が指針を定めているよ。

「法律がある」というだけでは、なかなか私たちの権利や健康を守ることはできないんですね。「ちょっとおかしいな」「こんな働き方はしたくないな」と思ったら、法律を活用しつつ、自分たちでちゃんと声をあげていくことが大切なんですね。

残業時間の上限規制

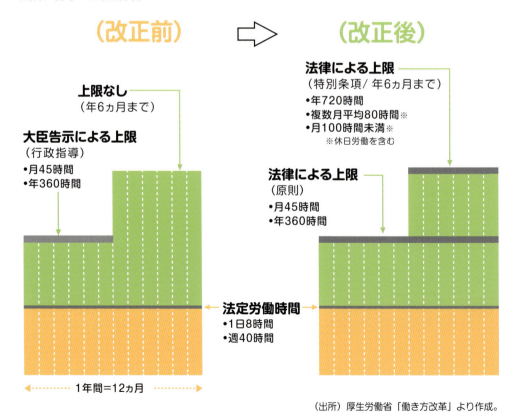

（出所）厚生労働省「働き方改革」より作成。

コラム 労使協定ってなに？

　「労使協定」とは、労働者（社員）と会社とで決める「約束ごと」のことです。

　主に、働き方や労働時間、あるいは給与の支払い方などに関する約束ごとについて、書面によって取り決めます。そしてその書面を、国の機関である労働基準監督署に届け出ることで、残業労働や休日労働など、法律で禁じられていることを、会社が行えるようになります。

　労使協定は、会社の社員の半数以上が加入している労働組合と会社とで結び、そうした組合がなければ、社員の半数以上を代表する者と会社とで結ぶことができます。

コラム 36（サブロク）協定ってなに？

　労働基準法という法律は、1週間で40時以上、1日で8時間を超えて、社員を働かせることを禁止しています。また、少なくとも1週で1日、あるいは4週で4日の休日の設定を義務づけています。したがって、1日8時間、週40時間を超えて社員に仕事をしてもらう場合、あるいは、休日に出勤してもらう場合、会社と社員の間で、労使協定を結んでおく必要があります。こうしたことは、労働基準法の36条で定められているので、この労使協定を一般的に「36（サブロク）協定」と呼んでいます。

Q 休む暇もないのに、どうして二つの仕事を掛け持ちする人がいるの？

私の友だちのお母さんは、シングルマザーなんですが、昼間はスーパーのパートタイマー、夜は居酒屋のアルバイトとして働いています。長時間の仕事で、休む暇もないのに、なんで二つの仕事を掛け持ち（ダブルワーク）をしているのでしょうか。

A 日本では最低賃金が低いので、パートやアルバイトなどの非正規雇用では、長時間働かなければ子育てや生活のための十分な給料が得られないからです。

時給が安いので長時間働かなければ生活できない

 二つの職場で働くのってたいへんですよね。
8時半から17時半までスーパーで働き、ちょっと休んでそのあと居酒屋で19時から23時まで働くとなると、起きている時間はほとんど働いていることになりますよね。

 ほんとうにたいへんだよね。1日12時間の勤務は、普通の会社で考えれば4時間の残業。1ヵ月に換算すれば、80時間を超える残業と同じ労働をしていることになるよ。過労死してもおかしくはないね。ここまでしても働かなければならないのは、実は時給が安いからなんだ。
いまの最低賃金は、全国平均で823

円だけど、仮に時給1,000円で計算しても、1日8時間の労働では、月の給料は16万円にしかならないよ。

25歳の単身者が、憲法で保障されている「健康で文化的な最低限度の生活」を送るためには、1ヵ月ではおよそ23万円のお金が必要だと言われているんだ（最低生計費）。

仮に時給1,000円でこの金額を稼ぐには、1日12時間働かなければならない計算になる。もし最低賃金の時給823円なら1日14時間の労働が必要だね。

 そのためにこのお母さんはダブルワークをしているんですね。

しかし、最低生計費23万円というのは、あくまでも25歳単身者の場合。今回はシングルマザーのケースだから、23万円のほかにも、学校へ通う費用など子育てのお金も必要となるんだ。

最低賃金の課題は
時給額のアップと地域格差の解消

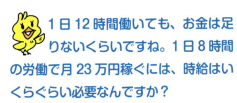

1日12時間働いても、お金は足りないくらいですね。1日8時間の労働で月23万円稼ぐには、時給はいくらぐらい必要なんですか？

単純に計算すれば、時給を1,500円にしなければならないな。理想を言えば、この1,500円にまで最低賃金が引き上げられれば、長時間労働やダブルワークを減らすことができると思うよ。

 でも、全国平均で823円の最低賃金を、一気に1,500円に上げるのは、ちょっと難しいんじゃないでしょうか。

まあ、一気に上げるのは難しいかもしれないけれど、たとえばおとなりの韓国では、2017年の最低賃金が647円だったのが、2018年には753円に引き上げられ、2020年までには1,000円に引き上げることが予定されているんだ。

韓国の647円から1,000円への引き上げ率はおよそ1.8倍。日本の823円を1,500円に引き上げるのも、同じく約1.8倍なんだ。韓国のケースを参考にしながら、日本でも同様の取り組みがなされるといいね。

また最低賃金の問題はこれだけじゃないんだ。地域によってその金額に格差があるということも、大きな問題として指摘されているよ。

最近賃金が一番高い東京都の985円と一番低い鹿児島県の761円では、224円もの開きがあるんだ。1日8時間働いたとすれば、約1,800円もの差が出てきてしまうんだよ。それが月給なら3万6,000円、1年で43万2,000円の格差が生じることになる。これって不平等じゃない？ ほとんどの先進国では全国一律の金額なのにね。

 最低賃金のアップとともに、地域の格差をなくすことも重要ですね。

働きすぎの環境を改善するための制度はあるの?

Q 「日本人は世界的に見ても働きすぎの傾向がある」ということはわかりました。働きすぎで健康を害したり、過労死してしまう人もいると聞いていますが、こうした状況を改善するための制度ってあるのですか?

A 「勤務間インターバル制度」を導入する企業が増えています。

働きすぎで健康を害する人は多い

働きすぎが、日本の社会では問題になっていますよね。しかし、ニュースでは過労死の報道がなくならないですね。

亡くならないまでも、長時間労働が原因で、体や心の健康を害してしまう人は、とても多いと言えるよ。図1、2にあるように、過労死を引き起こす脳・心臓疾患による労災認定者は大勢いるし、過労自殺を引き起

図1 脳・心臓疾患に係る労災認定件数の推移

年	全体	うち死亡
2012年	338	123
2013年	306	133
2014年	277	121
2015年	251	96
2016年	260	107

(注) 労災認定件数は、当該年度内に「業務上」と認定した件数で、当該年度以前に請求があったものを含む。

図2 精神障害に係る労災認定件数の推移

年	全体	うち自殺(未遂も含む)
2012年	475	93
2013年	436	63
2014年	497	99
2015年	472	93
2016年	498	84

(注) 労災認定件数は、当該年度内に「業務上」と認定した件数で、当該年度以前に請求があったものを含む。

(出所)厚生労働省「知って役立つ労働法」(2018年4月更新版)より作成。

こす精神障害による労災認定者も大勢いるのが実情なんだ。こうした状況に対して、労働組合などは、「勤務間インターバル制度」の義務化を求めており、労働者の働きすぎにブレーキをかけようとしているんだよ。

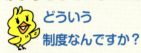
どういう制度なんですか？

勤務間インターバル制度は休息時間を確保するしくみ

これは、仕事が終わった時間と翌日の始業時間の間を、一定時間空けることによって、休息時間を確保する制度のことなんだ。EU諸国では、インターバルの時間を11時間に設定しており、日本でもこの時間を基準に制度を取り入れている会社が増えてきているんだよ。

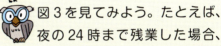
この制度を導入すると、どうして休息時間が確保できるんですか？

図3を見てみよう。たとえば、夜の24時まで残業した場合、翌日は会社の始業時間が9時であっても、11時をすぎるまでは働くことができないシステムなんだ。だから、その分睡眠などの休息にあてることができるんだよ。休む時間が増えれば、過労死や過労自殺、健康被害なんかを減らすことができるわけだね。

一方で、安心して働くことができれば、会社のイメージや社員のやる気もアップするので、会社にとってもよいことなんだ。これから、いろいろな会社でこの制度が導入されていくといいね。

図3　9時始業で24時まで残業したインターバル例

（出所）情報労連『「勤務間インターバル制度」の導入に向けて（第2版）』（2017年）より作成。

会社には、どんなお休みがあるのですか？

Q 「日本人は働きすぎ」という話が出たので、できるだけたくさんお休みを取ったほうがいいと思うのですが、会社には一体どんなお休みがあるのですか？

A 大きく分けて、「休日」と「休暇」に分かれます。

休息の基本となる休日

会社のお休みといっても、いろいろな種類があるよね。これらを簡単に整理すると、「休日」と「休暇」にわけることができるんだ。

じゃあ、まず「休日」から教えてください。

休日とは、簡単に言えば「働かないでよい日」のこと。法律で決まっていたり、あるいは会社と社員との間の契約で決まっているお休みのことなんだ。たとえば、週休2日制の土・日や祝日、あるいお正月をはさんだ年末年始休日、夏休みなどの夏季休日などがこれにあたる。

いわゆる「会社がお休みの日」というのがこれですね。

そう。そして、少し難しい話になるけど、この休日にも2種類あって、「法定休日」と「法定外休日」というのがあるんだ。「法定休日」とは、労働基準法第35条で定められた休日のことで、少なくとも1週間で1日、もしくは4週間で4日の休日を、会社は労働者に与えなければならないんだ。

一方の「法定外休日」は、法律では定められていないけれど、会社の就業規則のなかで「休日」として定められているものを指すんだよ。たとえば、日曜日が法定休日なら、土曜日やその他の休日は法定外休日となるんだね。

なるほど。じゃあ、休暇とはなんですか？

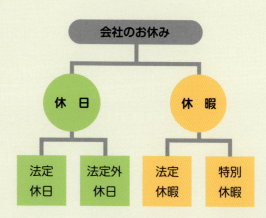

プライベート活用の基本になる休暇

休暇とは、本来は出勤日だけど、本人が申請すれば休むことのできるお休みのことだよ。これも厳密には2つに分かれていて、法律で定められている「法定休暇」と会社が独自に定めた「特別休暇」があるんだ。

法定休暇と特別休暇には、それぞれどんなものがあるんですか。

下の表にもあるけど、①年次有給休暇、②生理休暇、③育児休業、④介護休業などがこれにあたるんだ。一方の特別休暇には、①病気休暇、②ボランティア休暇、③リフレッシュ休暇など、会社によっていろいろなものがあるんだよ。

ボランティア休暇なんておもしろいですね。

このほかにも特別休暇には、自分の好きな記念日をつくって取得できる「アニバーサリー休暇」や、子どもの誕生日のための「子どもの誕生日休暇」など、ユニークなものあるようだね。

こうやってみると、日本の会社にも結構、いろいろなお休みがあるんですね。

大切なことは、こうした休暇の制度をちゃんと利用して、休みを取ることなんだ。みんな、「忙しいから」「まわりが取っていないから」といって、休みを取らない人が多いようだけど、しっかり休むことは、次の仕事へのステップにもなるから、メリハリをつけてちゃんと休暇を取るようにしたいね。

休暇の種類

法定休暇	年次有給休暇	1年ごとに取得できる休暇。1年間で10～20日間消化できる
	生理休暇	女性の生理日に仕事がつらいときに取得できる休暇
	育児休業	子どもを養育するため取得できる休暇
	介護休業	家族を介護するために取得できる休暇
特別休暇	病気休暇	病気にかかったときに取得できる休暇
	ボランティア休暇	ボランティア活動を行うときに取得できる休暇
	リフレッシュ休暇	一定の勤続年数に達した社員がリフレッシュを目的に取得できる休暇

「ワークシェアリング」ってなんですか？

Q ヨーロッパでは、「ワークシェアリング」という働き方があると聞きました。これは、どのような制度なのでしょうか。

A 1人の働く時間を減らして、雇用を分かち合うしくみです。

ワークシェアリングの代表例はオランダ

「ワークシェアリング」とは、従業員1人の働く時間を減らすことで、仕事を分け合い、多くの従業員の雇用を守る制度のことなんだ。「仕事（work）」を「分け合う（share）」という意味で名づけられたんだよ。

働く時間が減る、ということは、給料も減るってことですか。

そうだね。労働時間が減れば給料は減ることになる。でも大切なことは、みんなで雇用を分かち合うということなんだ。

それはどういうことですか？

ワークシェアリングが成功した事例として代表的なのはオランダなんだ。経済不況と高い失業率に悩んでいたオランダでは、1982年に政府・労働者・企業の3者で「ワッセナー合意」が締結され、企業は雇用の確保や時短に取り組む一方、労働組合は賃金の抑制に協力した。また、政府は減税を実施した。これらの取り組みによって、失業率は低下し、パートで働く女性が増え、オランダは経済危機を克服していくことができたんだ。

ほかにはどんな国で導入されているのですか？

ドイツでは、自動車メーカーのフォルクスワーゲン社が1993年に、不況でも従業員を解雇しないですむように、ワークシェアリングを導入したんだ。またフランスでは、2000年に国が法律を改正して、1週間の労働時間を35時間と定め、労働時間の短縮と雇用の創出を推し進めた。これも、一種のワークシェアリングと呼べるだろう。

ライフスタイルに合わせた働き方が可能になる！

雇用の維持や創出のほかにも、ワークシェアリングのメリット

はあるんですか？

　　日本のように、長時間労働が問題になっている国では、長時間残業の防止効果があるんだ。「給料が少なくても、自由な時間が欲しい」という人にはよい制度と言えるね。また、「仕事はしたいけど子育てしなければいけない」「親の介護があって朝と夕方は家にいなければならない」「高齢になったので、フルタイムで働くのは厳しい」といった事情のある人も、ワークシェアリングを利用すれば、自分のライフスタイルに合わせて働けるので、メリットは大きいよ。

　最近では、いろいろな形のワークシェアリングが出てきているので、下の表にまとめておこう。参考にしてくれればありがたいな。

ワークシェアリングの種類

タイプ	概　要
雇用維持型 （緊急対応型）	余分な従業員が出てしまったときに、従業員の勤務時間を短くすることで、雇用を維持するためのワークシェアリング。
雇用維持型 （中高年対策型）	中高年者の従業員を対象に、短時間勤務を行うことによって、雇用を守るためのワークシェアリング。
雇用創出型	フルタイムの従業員を短時間労働のパートタイマーに切り替えることで、多くの雇用をつくり出すためのワークシェアリング。
多様就業対応型	短時間勤務や隔日勤務など、多様な働き方を実現するためのワークシェアリング。

（出所）厚生労働省「ワークシェアリングに関する調査研究」（2001年4月）より作成。

「仕事は1日8時間」って いつ決まったの？

世界標準の「8時間労働制」

日本の法定労働時間は、1日に8時間以内となっており、各企業はたとえば9〜18時（休憩1時間）のように、8時間の範囲で勤務時間を決めることができます。この8時間労働制は、日本だけでなく、世界の多くの国でも取り入れられ、標準的なスタイルとなっています。

でも、1日の労働時間はどうして8時間なのでしょうか。このコラムでは、その歴史的な背景について振り返ってみたいと思います。

18〜19世紀のイギリスでは長時間労働が問題となる

18世紀半ばから19世紀にかけて、イギリスでは、技術の革新により大規模な工業化が進みました。これを「産業革命」と言います。この時代、労働者の労働時間には、法律の規制がなにもなかったので、幼い子どもを含む多くの労働者は、1日10〜18時間も働かされていました。そのため健康を害する人や、過労によって思うように働けない人が続出するようになりました。

イギリスの実業家、ロバート・オーウェンは、こうした状況を憂い、1810年に自分の工場において「10時間労働制」を取り入れ、1817年には8時間制を目標とした「仕事に8時間を、余暇に8時間を、そして休息に8時間を（Eight hours labour, Eight hours recreation, Eight hours rest）」というスローガンをつくって、社会の啓蒙活動に取り組みました。

このスローガンは世界中の労働者に影響を及ぼし、アメリカでは1886年5月1日に「8時間労働制」を掲げた大規模なストライキが発生しました。これが「メーデー(労働者の日)」の起源となりました。

1919年にILOで定められた8時間労働制

こうした世界的な運動にあと押しされ、1919年には国際労働機関（ILO）が、「労働時間を1日8時間、1週48時間に制限する」という第1号条約を採択しました。

これが、「1日8時間労働制」の起源です。日本でも1947年の労働基準法の施行により、「1日8時間労働制」が定められました。

第2章

女性も男性も もっと 働きやすい社会に

Q 女性はどうして会社のなかで出世できないの?

先日、「日本の会社では、すべての管理職のなかで、女性の割合は13％程度だ」という話を聞きました。男女の人口は同じくらいなのに、どうして女性の管理職がこんなに少ないのでしょうか。

A 女性の出世の機会は開かれてきましたが、条件が整っていないのに加え、女性への偏見もあるからです。

女性の管理職は13％しかいない

 海外では、女性管理職の比率は30～40％くらいあるのに、日本は13％と本当に少ない。これは、「係長」以上の役職者に占める女性の割合なんだ（厚生労働省「平成29年度雇用均等基本調査（確報）」）。係長を束ねる「課長」、あるいは課長を束ねる「部長」になると、その割合はもっと下がってしまうんだ。

 どうして女性の管理職が少ないんですか?

 それには二つの理由があるんだ。一つには、職場の長時間労働が改善されていないこと。もう一つは、いまもなお男性と女性で仕事の役割を区別する考え方があるためだ。管理職になるためには、男性のように長時間の残業をこなさなければならないケースも多いよね。しかし一方で、「子育ては女性の仕事」という考えが存在するため、子育て中の

女性はなかなか残業をすることができない。このため女性は、管理職への道が閉ざされてしまったり、出産を契機(けいき)に退社してしまったりするんだ。男性の長時間労働の改善や、男女が協力して子育てを行う環境が整えば、女性の管理職は増えていくはずなんだけどね。

 長時間労働は、ここでも問題となっているんですね。

女性管理職が少ないもう一つの理由としては、「女性は感情的だから管理職に向かない」「管理職は男性の仕事」など、なんの根拠もない偏見(へんけん)が、女性管理職の登用(とうよう)をはばんでいたり、そもそも職場自体が男性中心の社会で、女性にとって働きづらい環境にあることも原因なんだ。

 男性側の問題が大きいんですね。

男女の役割に関した、こうした根拠のない価値観を、「ジェンダー・バイアス」って言うんだよ。

 「ジェンダー・バイアス」ってなんですか?

「女性だから」という差別・偏見をなくそう

 「ジェンダー」とは「社会的・文化的な性差(しゃかいてき・ぶんかてきなせいさ)」のこと。そして「バイアス」とは「差別・偏見」という意味なんだ。つまり、ジェンダー・バイアスとは、「性差に対する偏見」ということになる。繰り返しになるけど、「女性は家庭を守るもの」「子育ては女性の仕事」「女性は管理職に向かない」などは、すべてジェンダー・バイアスだよね。

女性だって男性と同じように働く権利があるし、子育てだって男性も参加したい。優秀な人なら、誰でも管理職になってよいはずなんだよ。

そして不幸なことに、このジェンダー・バイアスは、職場だけでなく、家庭や広く一般社会にも存在するものなんだよ。

だから、私たちは、「なにがジェンダー・バイアスなのか」「その差別・偏見から、どうやれば自由になれるのか」を、たえず考える必要があるんだ。

女性に関するさまざまなジェンダー・バイアス

職場において	女性だから押しつけられる仕事	お茶くみ・電話対応・掃除・受付
	職場における女性差別	・容姿のことを言われる ・女性が意見を言えない雰囲気 ・男性と給料が違う ・女性は管理職に向いていない
社会において	社会から押しつけられる女性像	「女性はおしとやか」 「女性は気遣いが細かい」 「女性の幸せは結婚」
	家庭でのジェンダー・バイアス	・子育ては女性の仕事 ・結婚したら専業主婦になるべき

Q 男性は会社のなかで女性よりも得をしているの?

23ページで会社のなかでのジェンダー・バイアスについて知り、女性のたいへんさがわかりましたが、では男性はその分、得をしているのですか?

A 男性もジェンダー・バイアスの被害者です。

男性はなぜ働き続けなければならないの?

会社のなかでは、女性よりも男性のほうが、圧倒的に働きやすい、ということは事実だね。

そうですね。男性のほうが、出世もしやすいし、結婚しても辞める必要もない。子どもが生まれたって、妻に子育てを任せればいいですからね。

でもね、男性に関するジェンダー・バイアスがないのか、と言われると、そうでもないんだよ。

　どういうことですか?

たとえば、「男なんだから、残業するのは当たり前」「男のくせに、子育てくらいで早く帰るなよ!」「こんな失敗をして男として恥ずかしくないのか!」など、「男だから○○○だ!」という決めつけは多いよね。これも、ジェンダー・バイアスの一つなんだよ。

　そう言われればそうですね。

男だからって、無制限に残業ができるわけではないし、子育てだってちゃんと担わなければならないと考えている男性も多いはず。でも、こうした男性に関するジェンダー・バイアスによって、「男としてのあり方」を押しつけられ、逆に生きづらい思いをしているケースもあるようだね。

女性は子育てを押しつけられ、男性は長時間の仕事を押しつけられる。これって、なんかおかしくありません？ 半分ずつやれば、お互いハッピーなのに。

ジェンダー・バイアスのない社会は男性だって生きやすい！

よいところに気づいたね。男と女の違いに基づいた仕事の割り振りを「性別役割分業」と言うんだけど、これは「男女の不平等を生み出すもの」として、国連で1979年に採択された「女子差別撤廃条約」では、なくしていく方向で決議されたんだ。

そして日本でも、1999年に施行された男女共同参画社会基本法では、職場のみならず家庭や地域社会においても、「男は仕事、女は家庭」という性別役割分業ではなく、差別のない個人個人を尊重する社会の実現を目指しているんだよ。

日本も、ジェンダー・バイアスの克服にがんばっているんですね。

ただ、世界経済フォーラムが2017年に行った「男女平等指数ランキング」を見てみると、日本は、144ヵ国中114位と、非常に低い順位となっているんだ。残念ながら、まだまだ男女平等の社会の実現にはほど遠いというのが現実だね。

男性に関するさまざまなジェンダー・バイアス

職場において	男性だから押しつけられる仕事	・残業等の長時間労働 ・酒を伴った接待 ・力仕事
	職場における男性差別	・育児休暇、介護休暇が取りづらい ・仕事より家庭を優先する人は「負け組」 ・看護師や客室乗務員、保育士などのいわゆる「女性職場」で働く男性に対する差別
社会において	社会から押しつけられる男性像	「強く、たくましく」 「女性におごらなければならない」 「女性を助けなければならない」
	家庭でのジェンダー・バイアス	・男性は職場で仕事しなければならない（専業主夫ができない） ・男性は一家の大黒柱 ・家族を養わなければいけない

Q 仕事と生活を両立できる社会の実現は、可能ですか？

A 誰しも、やりがいのある職場で働き、充実した生活を送りたいと思っているはずです。しかし、そんな社会を実現することは、はたして可能なのでしょうか。

「ワーク・ライフ・バランス」の実現に向けて、取り組みが行われています。

「ワーク・ライフ・バランス」は仕事と生活を調和させる取り組み

いまの日本社会は、いろいろなジェンダー・バイアスによって、女性も男性も、生きづらい環境にあることは間違いないね。また、ジェンダー・バイアスだけでなく、親の介護（かいご）の問題や、少子高齢化（しょうしこうれいか）の問題など、将来への不安もなかなかぬぐい去ることはできないね。

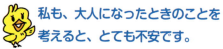
私も、大人になったときのことを考えると、とても不安です。

そうだよね。でも、そうした生きづらい社会を、誰もが幸せに暮らせる豊かな社会へ転換させていく取り組みも、一方で行われているんだよ。

そうした取り組みのことを、「ワーク・ライフ・バランス」と言うんだ。

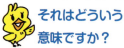
それはどういう意味ですか？

「ワーク・ライフ・バランス」は、「ワーク（work：仕事）」「ライフ（life：生活）」「バランス（balance：調和）」という三つの単語からできてい

て、「仕事と生活を調和させる」という意味なんだ。

　もう少し詳しく説明すると、誰もが、性別や年齢に関係なく、仕事と生活をうまく調和させながら、生き生きと働き、幸福な生活を送ることのできる社会の実現を目指そうとするものなんだよ。①就業による経済的自立が可能な社会、②健康で豊かな生活のための時間を持てる社会、③多様な働き方や生き方が選択できる社会を実現していくことなんだ。

 ここで言われている「健康で豊かな生活」とは、どういうことなんですか？

　たとえば、睡眠や休息をとって健康を管理したり、リフレッシュのために余暇を過ごしたり、家事や子育て・介護など家族のために働いたり、地域社会の役割を担ったり、自己実現や自己啓発のためにボランティアや社会活動、学習会に参加したりすることなどを指しているんだ。

ワーク・ライフ・バランスが目指す社会

> 国民一人ひとりがやりがいや充実感を感じながら働き、仕事上の責任を果たすとともに、家庭や地域社会などにおいても、子育て期、中高年期といった人生の各段階に応じて多様な生き方が選択・実現できる社会。

❶ 就労による経済的自立が可能な社会	❷ 健康で豊かな生活のための時間が確保できる社会	❸ 多様な働き方、生き方が選択できる社会
経済的自立を必要とする者、とりわけ若者が、いきいきと働くことができ、かつ、経済的に自立可能な働き方ができ、結婚や子育てに関する希望の実現などに向けて、暮らしの経済的基盤が確保できる。	働く人々の健康が保持され、家族・友人などとの充実した時間、自己啓発や地域活動への参加のための時間などを持てる豊かな生活ができる。	性や年齢などにかかわらず、誰もが意欲と能力を持って、さまざまな働き方や生き方に挑戦できる機会が提供されており、子育てや親の介護が必要な時期など個人の置かれた状況に応じて多様で柔軟な働き方が選択でき、しかも公正な処遇が確保されている。

（出所）内閣府「仕事と生活の調和の実現に向けて」より作成。

ワーク・ライフ・バランスが実現した姿

 ワーク・ライフ・バランスはいつ頃はじまったのですか？

ワーク・ライフ・バランスの考え方は、1980年代のアメリカで生まれたんだけど、日本で注目されるようになったのは、それからずっとあとのこと。

1991年に育児・介護休業法が制定されたあたりから徐々に浸透しはじめ、2007年に政府が「仕事と生活の調和（ワーク・ライフ・バランス）憲章」をつくったのを契機に、本格的に取り組まれるようになったんだ。

 具体的にはどのような取り組みが行われているんですか？

国や企業、地域社会において、ワーク・ライフ・バランスを支えるためのさまざまな制度の整備や啓蒙活動などが進められているよ。

とくに、①**子育てや介護等と仕事が両立できるための支援**、②**長時間労働を削減することで健康的で充実した生活を送るための支援**、③**生活や個人の事情に合わせた柔軟な働き方への支援**などが主な取り組みとしてあげられるんだ。

 日本でも、いろいろとがんばっているんですね。

そうだね。ただ、制度などが整備されても、そこで働いている人々の意識が変わらないと、なかなかワーク・ライフ・バランスは実現できないんだ。たとえば、ジェンダー・バイアスを克服して、男性でもきちんと家事や子育て、介護などに参加する人や、不当な長時間残業などに、ちゃんと「ノー」を言える人が増えてきて初めて、仕事と生活との豊かな関係が成り立つんだよ。

 まずは、私がしっかりと勉強して考えることが重要なんですね。

そのとおり。一人ひとりがちゃんと考えて、ワーク・ライフ・バランスを実現しよう！

Q 育児が必要になったとき、どんな制度が利用できますか？

子育てと仕事の両立をサポートすることが、ワーク・ライフ・バランスの重要な取り組みだと聞きました（26ページ参照）。では具体的には、どのようなサポートのしくみがあるのでしょうか。

A 国の制度として「育児・介護休業制度」があります。

制度ができても「出産による退職」が減らないのはなぜ？

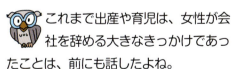 これまで出産や育児は、女性が会社を辞める大きなきっかけであったことは、前にも話したよね。

はい。**「女性は子育て、男性は仕事」というジェンダー・バイアスのなかで、子どもを出産した女性は、「働き続ける」という選択肢をなかなか選ぶことができず、退社してしまうケースが多い**という話は聞きました。

そうなんだ。でも「仕事を続けたい」という女性はいるはずだし、「自分も子育てをしたい」と考える男性だっているはずなんだ。だから、そうした人たちを支援するために、「育児・介護休業制度」が1992年に導入されたんだ（当初は育児休業制度）。

なるほど。これはどのような制度なのですか？

子どもが1歳（場合によって最長2歳）になるまで、会社を休むことができる制度なんだ。男女ともに取得

できてるんだよ。

 給料は出るんですか？

 残念ながら会社からは給料は支給されないけれど、雇用保険から、「育児休業給付金」という形で、月給の67％が支払われるんだ。

 お金も支払われるなら、安心して子育てができますね。

子どもが1歳になるまで育児ができれば、その後は保育園などを利用して、職場へも比較的スムーズに復帰できるというわけなんだ。

それじゃ、出産後も働き続ける女性も増えたんですね。

そう思いたいんだが、実はそうでもないんだ。図1を見てもわかるとおり、制度導入後でも、最近になるまで、1人目の子ども（第1子）を産んだあとも仕事を続ける女性の割合はあまり増えなかったんだ。2010～2014年に第1子が生まれた夫婦の場合は、母親が就業継続する割合が高まっているけれど、それでも出産前に働いていた女性のなんと半数近くは出産を機に仕事を辞めているのが実情なんだ。

結婚のタイミングでの退社（いわゆる「寿退社」）は減ってきたけれど、その分、出産のタイミングで退社するケースはまだまだ多いこともわかるね。正社員の女性員が育児休業（育休）を取得し、職場に復帰するケースは増加傾向にあると言えるが、非正規雇用の女性社員は、育休をなかなか取得しづらいという状況もあり、退職者が多い状況にあるんだよ。

残念ですね。

一方で、男性の育児休業の取得はどうかというと、こちらも、2015年で2.65％と、増加しているとはいえ、まだまだ微々たるものなんだ（図2）。ちなみに、男性に比べて女性が育

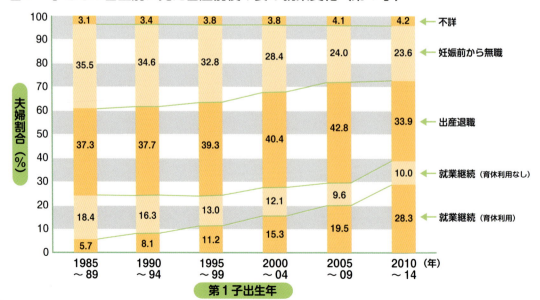

図1　子どもの出生別に見た出産前後の妻の就業変化（第1子）

（出所）国立社会保障・人口問題研究所「第15回出生動向基本調査」より作成。

児休業を取る率は 81.5％（2015 年度）と高いけど、この数字には先ほど述べたように、出産退社した人などは入っていないので、出産する女性全体から見れば、そんなに高い割合ではないんだ。つまり、性別役割分業の壁はまだ乗り越えられていないのが現状だね。

ジェンダー・バイアスの克服には、まだまだ道のりは遠いですね。

あと、子育てと仕事の両立をサポートする制度には、「所定外労働の制限」や「短時間勤務制度」など、国で定められたものや、企業ごとに定められているものまでさまざまなものがあるよ。将来、社会で活躍する若い人たちには、ぜひこうした制度を利用しながら、ジェンダー・バイアスのない、豊かで幸せな人生を送ってもらいたいな。

図2　男性・女性の育児休業取得率

（出所）内閣府「『第1子出産前後の女性の継続就業率』の動向関連データ集」（2015年）より作成。

図3　子育てと仕事の両立サポート制度

国の制度	育児休業制度（原則として1歳まで）
	子の看護休暇（小学校就学まで）
	所定外労働の制限（3歳まで）
	時間外労働の制限（小学校就学まで）
	深夜業の制限（小学校就学まで）
	短時間勤務制度（3歳まで） （代替措置として、フレックスタイム制など）
企業の制度	事業所内保育所の設置、保育料の補助、在宅勤務制度など

家族の介護が必要になったとき、どんな制度が利用できますか？

Q 私のおじいちゃんが、痴ほう症になりました。両親ともに働いているので、介護がたいへんなのですが、介護のために仕事を休んだりすることはできるのですか？

A 「育児・介護休業制度」を利用すれば、会社を休むことは可能です。

93日間の休みを3回に分けて取れる制度

人間は年を取ると、病気やケガなどで健康を損ない、介護が必要になってしまうことがあるよね。みんなのおじいちゃんやおばあちゃんも、そろそろそういう年齢じゃないのかな。

また、高齢者でなくても、事故や病気で介護が必要になるケースもいろいろとあるんだよ。そういったときに、「育児・介護休業制度」を利用すれば、会社を休むことができるんだ。

具体的にどれくらい休むことができるのですか？

簡単に言えば、家族の1人が介護の必要な状態になった場合、全部で93日の休みを3回を上限として分割して取ることができる制度なんだよ。

そのあいだ、給料はどうなるのですか？

これは育休の場合と同じで、会社からは支払われないけど、雇用保険から、「介護休業給付金」として、月給の67％が支払われるんだ。

また、両親などの介護のために取得できる「介護休暇制度」もあるんだよ。1年間で5日間取得できるけど、給料の支払いは義務づけられてはいないんだ（38ページ参照）。

介護のために仕事を辞めてしまう人も多い

こうした休業制度や休暇制度を利用すれば、介護ってできるものなんですか？

いや、残念ながらまだ課題は多そうだ。いま、「介護離職」と言って、介護のために仕事を辞めざるをえないことが大きな問題になっているんだ。2017年の調査によれば、1年間で約10万人もの人が介護離職しており、そのうちの4分の3の7.5割が女性なんだ。

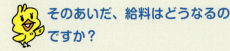

介護・看護により離職した人数

（出所）総務省「就業構造基本調査」（2017年）より作成。

　　ここでも女性の負担が高いんですね。

　休業制度や休暇制度だけでは、なかなかこの介護離職を減らすことはできないんだ。それぞれの会社が、法律で義務づけられている「所定外労働の制限」「時間外労働の制限」「深夜業の制限」「所定労働時間の短縮措置等（短時間勤務制度、フレックスタイム制度など）」を、ちゃんと利用できるようにすれば、介護離職の人数を減らすことができるはずなんだ。働き盛りの人が、介護を理由に会社を辞めてしまうことは、会社にとっても社会にとっても、また本人にとっても不幸なことだから、もっとよく議論して、両立できる方法を模索していかなければならないね。

「フレックスタイム制」ってどんな働き方なんですか？

Q 親戚のお兄さんは、朝ゆっくりと出勤したり、夕方早くに帰宅して、自分の趣味などに時間を使ったりして働いています。「フレックスタイム制だよ」と言っていましたが、こんな自由な働き方があるんですか？

A 定められた1ヵ月の労働時間のなかで、自分で始業と終業の時刻を決められる制度のことです。

自分で働く時間を決められるのが魅力！

「今日は仕事をがんばるから、明日の15時からはコンサートに行きたいな」など、時間が自分の自由になると、プライベートの活動の幅が広がったり、ストレスが減ったりするよね。

でも、そんなに都合のよい働き方があるんですか？

実はあるんだよ。「フレックスタイム制度」がこれにあたるんだ。これは、1ヵ月に働かなければならない労働時間を決めておいて、それをちゃんと守れば、毎日の仕事時間は自分で決められる、という制度なんだ。

たとえば、朝7時から働いて午後4時に帰ることもできれば、夜の20時まで働く代わりに、出勤を朝の11時にすることだってできるんだよ。また、「先週は忙しくて毎晩遅くまで働いたから、今週は早い時間にさっさと帰ろう」という働き方だって可能なんだ。

自分で時間が決められるってところがいいですね。

ただ、あまりにも自由だと、社内での会議や引継ぎなどがやりにくいということもあるので、「コアタイム」を設けて、「1日のうちでこの時間は出勤していてください」という時間帯を決めている会社もあるんだよ。下の図は、フレックスタイム制のモデルケースの一

フレックスタイム制のモデルケース

つ。休憩時間をはさんで、10〜15時がコアタイムなので、社員はこの時間は出勤していることが条件となる。

フレックスタイム制はいつごろから始まっているんですか。

1987年4月に労働基準法が改正され、そのなかにこの制度が盛り込まれたんだよ。現在では社員1,000名以上の企業の約20％で導入されているんだ。

ただ、100人以下の企業では、いまだ約2％ほどしか導入していないのが実態だね。

フレックスタイム制では、残業代は支払われるのですか？

もちろん、残業代は支払われるよ。ただ、定時の勤務とは違うので、1日10時間働いたとしても、それだけでは残業代は発生しないんだ。1ヵ月に働かなければならない労働時間を超えたときに初めて残業代が発生することになるんだよ。

フレックスタイム制の
よい点と悪い点

自分の都合で働けるほかに、フレックスタイム制にすると、どんなよいことがあるんでしょうか。

フレックスタイム制は「ワーク・ライフ・バランス」の充実に効果的なんだ。育児や介護のための時間をつくり出すことも容易にできるようになるし、健康にもとてもよいと言われているよ。

あと、従来の定時の勤務形態だと、たとえば「夜9時から打ち合わせがある」といった場合に、どうしても残業しなければならなかったけど、フレックスタイム制なら、その分遅い時間に出社すれば残業しなくてもすむので、仕事の効率化にも貢献しているんだ。

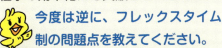**今度は逆に、フレックスタイム制の問題点を教えてください。**

一つには、勤務時間が人によって違うので、取引先からの問い合わせや打ち合わせなどで不都合が生じる場合があるだろうね。

また、時間や仕事の配分を自分で管理しなければならないので、ルーズな人には向かないかもしれないね。

とにかく、自由な分、取引先との調整や時間・仕事の配分などの管理は、それぞれがきっちりと行っていくことが重要だと言えるね。

子育てや介護のために、短時間の勤務は可能なの？

Q 育児休業が終わったあとも、子育ては続けなければなりませんよね。あるいは両親の介護のために、どうしても自宅にいなければならないときもあります。そうした場合、定時の勤務より遅く出社したり、早く帰宅したりすることは、できるのでしょうか。

A 「短時間勤務制度」を利用すれば可能です。

6時間の短時間勤務が認められる「短時間勤務制度」

子育て中は保育所への送り迎えもあるし、できれば出勤を遅らせたり、帰宅を早めたりしたいですよね。

自宅と会社が離れていればいるほど、通勤に時間がかかるので、定時の出社や退社は難しくなってしまうよね。そんなときは、「短時間勤務制度」を利用することができるんだ。

「短時間勤務制度」ってなんですか？

これは、3歳未満の子どもの育児をする場合、1日の働く時間を6時間に減らすことができる制度なんだ。29ページや32ページで説明した「育児・介護休業制度」のなかで定められているんだよ。

たとえば、定時の勤務時間が午前8時30分～午後5時30分までの8時間勤務（休憩1時間）の場合、この制度を利用すれば、午前9時～午後4時（休憩1時間）の6時間勤務にすることもできるんだ。

仕事の性質上、どうしてもこの制度を利用できない人は、どうなるんですか？

そうした場合には、会社は
①育児休業に関する制度
②フレックスタイム制
③始業・終業の繰り上げ・繰り下げ
④保育施設の設置
のいずれかの措置を取ることが義務づけられているんだ。だから、短時間勤務制度が使えない人は、こうした制度を利用することができるわけなんだよ。

勤務時間が減った分、給料はどうなるのですか？

残念ながら、法律では、短縮された分に対する給料の保障は定められていないんだ。だから、その分の給料は減らされてしまう会社のほうが多いんだよ。

子どもが3歳以上で小学校に入るまでの場合はどうなのですか？

法律では、3歳から小学校に入るまでの子どもの育児をする場合でも、時間外労働の制限や深夜業の制限を設けている。また、
①育児休業に関する制度
②所定外労働の制限
③短時間勤務制度
④フレックスタイム制
⑤始業・終業の繰り上げ・繰り下げ
⑥保育施設の設置
が努力義務とされているんだ。

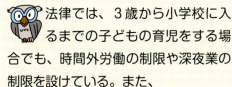

小学校に入学するまでは、子どもを保育所に通わせる人が多いね。保育所は、小学校にあがる前の乳幼児を保育する施設のこと。働く親にとっては、まさに助け船の施設なんだ。

そして小学校に入学してからは、「学童保育」といって、小学校の放課後に子どもたちをあずかって保育してくれる制度もあるんだよ。

働く親は、こうしたところを利用しているのが現状だね。

じゃあ、介護の場合も短時間勤務は可能なんですか？

時短勤務は介護の場合でも認められている

介護についても、32ページで紹介した介護休業や介護休暇のほかに、育児・介護休業法で「所定外労働の制限」や「時間外労働の制限」、「深夜業の制限」が定められている。そして
①短時間勤務制度
②フレックスタイム制
③始業・終業の繰り上げ・繰り下げ
④介護サービス費用の助成など
のいずれかを設けることが、義務づけられているんだ。ただ、給料については、勤務時間が減った分は、支払われないのが原則となっている。

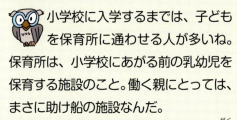

それは、利用したい人が、自分で会社に請求しなければならないんだ。だから、いくら制度ができたからといって、職場で利用しづらい環境があれば、ワーク・ライフ・バランスは実現できないことになってしまう。会社側は、誰もが希望するときに利用できるような環境づくりが大切だし、利用する側も、ちゃんと制度を理解して、自分の希望を会社側に伝えることが重要なんだ。

短時間勤務制度は、正社員でなければ利用できないんですか？

いやいや、そんなことはないよ。非正規雇用の人でも申請すれば利用するとはできるんだよ。でも、いくつかの制約があるので、利用前に確認することは大切だね。

子育てや介護は、誰でも経験する可能性があることだから、きちんと知っておきたいですね！

介護と仕事の両立サポート制度

国の制度	介護休業制度（通算で93日まで・3回までの分割可）
	子の看護休暇（小学校就学まで）
	介護休暇（1年で5日まで）
	所定外労働の制限
	時間外労働の制限
	深夜業の制限
	短時間勤務制度等 （短時間勤務制度等、フレックスタイム制など）
企業の制度	介護支援プランの策定、介護費料の補助、在宅勤務制度など

第3章
多様な社会は自分も他人も暮らしやすい

Q 最近、「ダイバーシティ」という言葉を聞きますが、どのような意味ですか？

ダイバーシティにもとづいた働き方が導入されていると聞きました。日本の会社でも、ダイバーシティの導入が大きな目標になっているそうですが、そもそも「ダイバーシティ」ってどのようなものなのでしょうか。

A 性別や人種、年齢、障害の有無、考え方などで差別されずに、誰もが誇りをもって活躍できる社会のことです。

差別せずに多様性（たようせい）を認めることがダイバーシティの第一歩

「ダイバーシティ」って英語なんですよね。日本語に訳すとどういう意味なんですか？

「ダイバーシティ（Diversity）」を日本語に訳すと、「多様性」という意味なんだ。働き方に即して言えば、「誰もが差別されずに、自分の才能を発揮しながら働くことのできる職場環境のこと」だと言えるんだよ。

「職場で差別される」とはどういうことですか？

たとえば、「女性は管理職になれない」「障害者は雇ってもらえない」「外国人だから給料が安い」など、ほかの人と違うというだけで、不利益な扱いをされてしまうことなんだよ。

なんで差別はいけないんですか？

「差別」ということは、倫理的（ろんりてき）に

40

許されるものでないのは当然だけど、法律でも禁止されているんだよ。

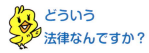
どういう法律なんですか？

差別は法律でも禁止されているぞ！

まず基本となるのは、憲法だね。憲法では、「誰もが、人種や信条、性別、身分、家がらなどによって差別されることのない権利を持っている」ということが謳われているんだ。また、職場における男女差別を禁止した「雇用機会均等法」や、最近では、「障害者差別解消法」「ヘイトスピーチ解消法」「部落差別解消推進法」などのような、個別の差別を禁止する法律もつくられてきているよ。

差別にはどんなものがあるんですか？

「女性差別」「障害者差別」「人種・民族差別」などをはじめとして、生まれた場所などで差別する「部落差別」や、性的少数者を差別する「LGBT差別」なんかもあるんだよ。また、こうした差別を受ける人たちを総称して、「マイノリティ（少数者）」という言葉で表現することもあるんだ。

つまりダイバーシティは、「差別はいけない」という視点に立ち、「マイノリティも含めた、あらゆる人たちが安心して働くことのできる職場」の確立を目指しているんだね。

ダイバーシティって、すばらしい取り組みなんですね。でも、企業側にとってメリットはあるんですか？

一つには、さまざまな人たちが働くから、いろいろなアイディアがたくさん出てきて、新しい商品やサービスが生まれやすくなること。

二つ目として、みんな安心して働けるから、従業員は能力を発揮することでき、その結果、会社の業績もアップすること。

そして三つ目は、ダイバーシティに取り組むことで、その企業のイメージがアップすること、などがあげられるね。

ダイバーシティは、働く側にとっても、企業側にとってもよいことが多いんですね。

そうだね。会社には、積極的に取り組みを進めてほしいよね。

ダイバーシティのイメージ

Q 企業は女性の活躍を支援するためにどのようなことをしているの？

いまの日本の会社のなかでは、ジェンダー・バイアスによって、女性がなかなか管理職になれなかったり、重要な仕事を任せてもらえない現状があります。会社のダイバーシティの取り組みによって、このような状況は変わっていくのでしょうか。

A 育児支援だけではなく、女性の管理職を増やしたり、キャリアアップをサポートすることもダイバーシティの重要な取り組みです。

女性の活躍をはばんでいる「ジェンダー・バイアス」

 第2章では、これまで女性の仕事と考えられていた「家事」や「育児」を男女で分担したり、家族の介護に寄り添うなど、仕事だけでなく、生活の充実にも配慮する「ワーク・ライフ・バランス」という考え方について教わりました。

そう。そして、この「ワーク・ライフ・バランス」をサポートするためにつくられた「育児・介護休業制度」や「短時間勤務制度」についても説明したよね。こうした制度のおかげで、女性が結婚や出産を迎えても、仕事を続けられるベースができたわけだ。

しかしこれだけでは、女性は「仕事を続ける」ことはできても、活躍できるかどうかはわからないよね。22ペー

ジでも説明したとおり、日本には女性の管理職が13%しかいないことを考えても、「日本では女性が職場で活躍できる環境が整っている」とは言えないな。

🐥 なにが問題なのでしょうか。

🦉 まず、第2章で説明した「ジェンダー・バイアス」が、企業や社会のなかに、いまだに残っていることがあげられると思うよ。残念ながら、「重要な仕事は男性が行う」「管理職はやはり男性」といった意識がまだまだ根強いのが現状だ。

あと、女性が育児のために育児休業（いくじきゅうぎょう）や時短勤務（じたんきんむ）を選択したために、責任のある仕事を任せてもらえなかったり、キャリアアップのための技術やスキルを身につけることができないことも、「女性の活躍」をはばんでいる一つの要因だね。

🐥 **うーん。女性が企業で活躍するのは、なかなか難しいですね。どうしたら、女性が会社のなかで活躍できるようになるんでしょうか。**

🦉 それにはまず、会社のなかのワーク・ライフ・バランスを改善することが必要だね。

🐥 **それは、具体的にはどのようなことでしょうか。**

🦉 最初に、長時間労働をやめること。長時間労働が、女性の管理職への道をはばんでいることはすでに、22ページで説明したよね。あと、子育てを女性の役割と見なす性別役割分業（せいべつやくわりぶんぎょう）も、見直されるべきことの一つだよ。

こうした条件が改善されれば、女性の活躍する道が開けるかもしれないね。

🐥 **でも、どうやればこの二つが改善されるんですか？**

🦉 もちろん、法律や制度の整備も重要な要素だけど、一番重要なのは、そこで働くみんなの考え方が変わることなんだよ。「長時間労働は会社のために必要だ」という考え方から「できるだけ残業をせずに効率よく仕事をすることが会社のためになる」という考え方へ、あるいは「子育ては女性の仕事」という考え方から、「男女で責任をもって子育てを担う」という考え方へ変わっていけば、会社のワーク・ライフ・バランスはきっと改善されるはずだよ。

🐥 **あと、そのほかになにかやるべきことはありますか？**

🦉 あとは、女性の意識改革や、女性管理職を育てるための育成プランを導入することも大切だね。これまで女性は、補助的な仕事をさせられることが多かったから、管理職研修のようなものを受けさせてもらえなかったことに加え、女性自身もしり込みをして自分にブレーキをかけてしまう傾向もあったんだ。

こういった状況を改善するべく、女性管理職研修や、女性自らがキャリアを築いていくための意識改革セミナーなどを実施することが大切だね。

🐥 **女性がより挑戦的な仕事に取り組み、能力を発揮して働けるような環境が、さらに整うといいですね。**

Q 体や心に障害を負っている人でも会社で働くことはできるのですか?

体や心に障害を負っていると、健康な人のようには働けないので、会社では採用してもらえないのではないですか? また、会社で働くことになった場合、どのようなサポートを利用することができるのですか?

A 会社が障害者を雇うことは、法律で義務づけられています。また、会社で働くための訓練や準備など、サポート制度も充実しています。

障害者と健常者がともに助け合う社会の実現に向けて

ダイバーシティの一つとして、心身に障害を持った方の雇用があげられていますよね。これについて、詳しく教えてください。

障害をもった人の雇用については、「障害者雇用促進法」によって定められているんだ。これは、障害者の職業と生活の安定を図ることを目的としてつくられた法律なんだ。

この法律は、大きく分けると三つ。

①障害者の雇用義務:会社に一定割合の障害者を雇用すること
②障害者に対する差別の禁止:障害者に健常者と同等の機会や処遇を与えること
③障害者への配慮の義務:障害者が不自由なく仕事ができる環境の整備やサポートを提供すること

これらを会社の責任として定めているんだ。この法律は障害者と健常者と

ジョブコーチの仕事

- 障害特性に配慮した雇用管理に関する助言
- 配置、職務内容の設定に関する助言

→ 事業主

- 作業遂行力の向上支援
- 職場内コミュニケーション能力の向上支援
- 健康管理、生活リズムの構築支援

→ 障害者本人

ジョブコーチ

→ 同僚

- 障害の理解に関わる社内啓発
- 障害者との関わり方に関する助言
- 指導方法に関する助言

→ 家族

- 安定した職業生活を送るための家族の関わり方に関する助言

がともに助け合う社会を実現するとともに、障害者の自立を促すねらいもあるんだよ。

「障害者と健常者がともに助け合う社会」っていいですね。

そう。これを難しい言葉でいうと、「共生社会」と言うんだけど、これは誰もがお互いに尊重して支え合い、いろいろな生き方や価値観を認め合える社会のことなんだ。

まさに、「ダイバーシティ」そのものだね。障害者でも、すぐれた能力を持っている人はたくさんいるので、「支え合い」「認め合い」さえあれば、職場で活躍することは十分可能なんだよ。

障害者を支える 「ジョブコーチ支援」制度

でも、障害者によっては、職場の人とうまくコミュニケーションが取れなかったり、スムーズに仕事を行うことができないなど、就労が難しい場合もありますよね。

そういうときは、上の図にあるような「ジョブコーチ支援」という制度を利用することができるんだ。

この制度は、障害者が職場に適応できるように、ジョブコーチと呼ばれる障害者支援の専門家が、障害者本人やその家族、あるいは雇用する会社の人たちに対して、助言や提案などのきめ細かいサポートを行うものなんだ。

具体的にジョブコーチの仕事は、どんなものなのですか？

一つには、職場の環境づくりについての助言なんだ。初めて障害者と接する人は、「どう話しかけてよいのかわからない」「なにに気をつけたらよいかわからない」など、戸惑うことが多い。そうした戸惑いに対して、ジョブコーチがアドバイスや助言を与えることで、コミュニケーションがスムーズになる。

また、ジョブコーチが会社の人に代わって、障害者本人に話を伝えたり、意味を解釈して通訳したりする場合もある

んだよ。

　一方で、会社側にもいろいろなルールやマナー、あるいは通勤の際の注意点など、障害者本人にとってわからないことが数多くあるはずだよね。そうしたことについて、ジョブコーチがしっかりと指導することで、本人や会社の不安が解消されるわけなんだ。

　またジョブコーチのもう一つの役割としては、障害者が実際に仕事を進めるうえでのサポートがある。「会社側が障害者にどんな仕事をやってほしいのか」をわかりやすくまとめて障害者本人に伝えること、そして、「障害者が仕事をスムーズに進めるために会社側にやってほしいこと」を会社にはっきりと伝えることがその仕事なんだ。

　このように、ジョブコーチ支援制度を利用すれば、会社は安心して障害者を受け入れることができるし、障害者も配慮された環境で安心して働くことができるんだよ。

　とくに精神障害の場合、どういう配慮が適切なのか、健常者にはわかりにくい部分もあるので、専門家が間に入ることには大きな意味があるんだよ。

コラム
精神障害者の雇用義務化

　障害者雇用促進法のなかで、「障害者の雇用義務」については、44ページで説明したとおりですが、2018年3月までは、雇用義務の対象は身体障害者と知的障害者のみでした。

　しかし2018年4月からは、雇用義務の対象として、新たに精神障害者も加わることとなりました。

　これまで、なかなか就職が難しかった精神障害者ですが、制度に組み入れられたことにより、就労への道が開けたと言えるでしょう。採用する側も、精神障害の特性に寄り添った職場環境を整えることが求められています。

外国人が日本の企業で働くとなにかよいことがあるの？

Q 最近、まちで外国人を見かけることが多くなりましたが、観光客以外の外国人は、日本の会社などで働いているのでしょうか。また、外国人が勤めることで、日本の企業になにかよいことはあるのですか？

A 約128万人の外国人が日本で働いています。外国人が日本の企業で働くことで、ユニークなアイディアが生まれたり、職場が活性化します。

増えてきた日本企業の外国人雇用

法務省の調査によると、2017年末に日本に住んでいる外国人の人数は約256万人と、前の年に比べておよそ18万人も増え、過去最高となったそうだね。

外国人でも、日本政府の許可を取れば働くことができるので、現在では256万人の半分にあたる約128万人の外国人が日本で働いているんだよ。

どこの国の人が多いんですか？

国籍別に見ると、中国人が一番多く、続いてベトナム人、フィリピン人の順になっている。

ずいぶんいろいろな国の人が働いているんですね。

外国人を採用することで、企業にとってなにかよいことがあるのですか？

日本で働いている外国人の国別人数（2017年）

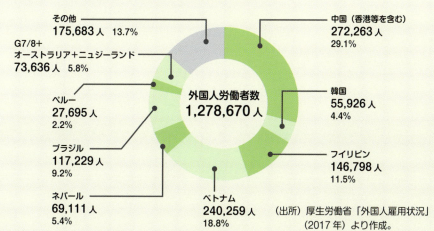

- その他 175,683人 13.7%
- G7/8+オーストラリア+ニュージーランド 73,636人 5.8%
- ペルー 27,695人 2.2%
- ブラジル 117,229人 9.2%
- ネパール 69,111人 5.4%
- ベトナム 240,259人 18.8%
- フィリピン 146,798人 11.5%
- 韓国 55,926人 4.4%
- 中国（香港等を含む）272,263人 29.1%
- 外国人労働者数 1,278,670人

（出所）厚生労働省「外国人雇用状況」（2017年）より作成。

外国人を雇うことの
メリット・デメリット

一つには、その会社が海外で事業を行うときや海外の方を迎えるときには、現地の言語や文化などに精通した社員の存在が大きな力となるので、世界を相手にビジネスを行っている会社にとっては、外国人を雇用することは重要な取り組みだと言えるね。

また外国人の持つユニークな考え方や価値観から多くのアイディアが生まれるようになり、それが新商品や新サービスの開発につながる可能性が考えられるよね。

さらに、外国人の異った価値観に日本人社員も影響を受け、社内が活性化することも、外国人雇用のメリットとしてあげられるね。社内の活性化は、社員のモチベーション（やる気）や効率化のアップに結びつくことも考えられるしね。加えて、日本では少子化が進んでいて、今後の人口減少が予想されているので、不足した労働力を補うためにも、外国人に働いてもらうことが重要になってきているよ。

じゃあ逆に、外国人の採用に関してなにか問題はないのですか？

問題はあるよ。冒頭で、「日本政府の許可を取れば外国人でも働くことができる」と言ったが、この許可を取るのがなかなか難しいんだよ。高い技術や専門的な能力を持った人なら、正社員として採用され、日本人とほぼ同様に働くことができるのだけれど、そうでない外国人は、仕事に就けなかったり、制限を設けられたりしているんだ。

たとえば、正社員として働けるのは、「日本人の妻や夫を持つ者」と「専門的・技術的分野で働く者」だけ。「留学生」は、週28時間のアルバイトしか認められていないんだ。また「外国人技能実習制度」（日本の技術を発展途上国に移転するため、外国人労働者を日本に受け入れて研修する制度）については、最長で5年しか日本で働けないだけでなく、職場の移動も認められていないことから、外国人の技能実習生は声をあげにくい状況に置かれていて、低賃金や長時間労働などの労働法違反、劣悪な居住・就労環境、暴力などの人権侵害が問題になっている。

出入国管理法の改正によって2019年4月からは新たに「特定技能」という在留資格が設けられて外国人労働者の受け入れが広がることが予想されているけれど、外国人を「安い労働力」として見るのではなく、同じ人間として受け入れて、共生の仕組みを整えていくことが課題になっているよ。

コラム
イスラム教徒と一緒に働く場合、なにに注意すればいい？

東南アジアのイスラム教徒と関係が深い日本

　来日するイスラム教徒の観光客の人数は、2018年には100万人を超え、東京オリンピック・パラリンピックが開催される2020年までには140万人に増えることが予測されています（「Japan Muslim travel Index 2017」）。

　イスラム教徒の観光客が増加する一方で、マレーシアやインドネシアなど、東南アジアのイスラム国と日本との経済的な結びつきも、日に日に強まっており、ビジネスとして来日するイスラム教徒や、現地に出向く日本人もめずらしい存在ではなくなりました。

　ただ、ここで気をつけなければならないのが、イスラム教の文化と日本の文化との違いです。イスラム教徒は、イスラムの教えを軸に、日々の生活を送っており、「やらなければならないこと」や、「やってはいけないこと」などが厳格に決められています。

その人の信仰を尊重することが大切

　たとえば、
①**1日5回の礼拝**
②**豚など禁じられている食品は食べない**
③**飲酒やアルコールを使用することは禁止**
④**女性は肌や髪を露出しない**

などが、イスラム教徒が守るべき教えです。私たちが、イスラム教徒の人たちと協調しながら働くには、こうした彼ら／彼女らの宗教的な習慣を尊重し、配慮することが重要です。

　たとえば、1日5回の礼拝のために、会社の会議室の片隅を礼拝場として提供したり、勤務中であっても、礼拝の時間を認めるなど、求めがあれば柔軟に対応することが大切です。また、イスラム教徒の人と食事をするときには、豚肉やお酒がタブーである彼ら／彼女らの信仰を尊重し、事前にお店選びの相談をするなどの配慮も大切です。

最近よく聞くLGBTってなに？ 職場で働くときに苦労はないの？

Q 先日、「レインボーパレード」のことがニュースで報道されていました。「LGBTのためのパレード」だと聞きましたが、LGBTのことを教えてください。また、職場では差別されずに働くことができているのでしょうか？

A LGBTとは「性的少数者」のことです。職場での差別を解消するための企業の取り組みが始まっています。

ひと口に「LGBT」といっても実はいろいろある

LGBTとは、レズビアン（Lesbian：女性同性愛者）、ゲイ（Gay：男性同性愛者）、バイセクシュアル（Bisexual：両性愛者）、トランスジェンダー（Transgender：心と体の性が一致しない人）の頭文字をとった略語であり、「性的少数者」を意味しているんだ。

ただ、LGBT以外にも、さまざまな性のありようが存在するので、LGBT以外の性的少数者を含んだ「LGBTs」や「LGBTQ」という表現を使うこともあるんだ。また、性的少数者を含んだすべての人が持つ属性として、「SOGI（ソジ）」（Sexual Orientation and Gender Identity：性的指向・性自認）というとらえ方も提唱されているよ。ここでは「LGBT」を、LGBT以外の性的少数者を含む意味で用いることにするね。

ちょっと難しいですね。もう少しわかりやすく説明してください。そもそも同性愛って何ですか？

同性愛とは、自分と同じ性別の人に恋愛感情を持つことなんだ。多くの場合、女性だったら男性に、男性だったら女性に対して恋愛感情を持つよね。これを異性愛者（ヘテロセクシュアル）と言うのだけど、同性愛の場合は、女性が女性を、あるいは男性が男性を恋愛対象として認識しているケースなんだね。そして、女性の同性愛者のことを「レズビアン」、男性の同性愛者のことを「ゲイ」と呼んでいるんだ。

じゃあ、バイセクシュアルやトランスジェンダーについても教えてください。

バイセクシュアルとは、異性にも同性にも恋愛感情を持つ人のこと。そして、トランスジェンダーとは、自分の性別に違和感を持っている人のことを言うんだ。

「自分の性別に違和感を持つ」ってどんなことなんですか？

たとえば、性別は男性でも、「男性として生きづらい」「女性としての自分のほうが受け入れやすい」「女性として自分の人生を歩んでいきたい」と思うのが、「自分の性別に違和感を持つ」ということなんだ。だから、生物学的な性と異なる服装を着たり、自分が着なければならない制服に違和感を持つこともあるんだ。

声を上げる人が増えてLGBTの存在が見えるようになった

だいたいLGBTの概要はわかりました。でも、どうしてLGBTのことを「性的少数者」って言うんですか？

社会のなかでは、異性愛者が多く、LGBTの人たちはそれに比べて少ないので、「性的少数者」と呼ぶようになったんだね。昔は、LGBTの人たちの存在は認知されていなかったけど、最近では、自分たちの人権を尊重し、当事者であることに誇りを持った人たちが名乗りを上げるようになったので、これまで見えなかった存在が見えるようになってきたんだ。もしかしたら、君の身近にだってLGBTの人はいるかもしれないよ。

職場で起こるさまざまな差別

でも、これまでなんでわからなかったんだろう。

そこが重要なところなんだ。それは、LGBTの人たちに対する差別があるために、当事者は言い出すことが難しい場合も多かったんだ。そのため、たとえば、LGBTの人が君のクラスにいたとしても、誰もその存在に気づかないこともある。これは職場においても同様で、日本ではまだまだLGBTの人々が生き生きとは働きにくい状況にあると言えそうだね。

職場におけるLGBTの人たちの悩みにはどんなものがあるんですか？

たとえば、就職活動をする際に、性別を明記することに抵抗がある人は多いだろうし、それを説明することにもためらわざるをえないような現実がまだまだあるようだね。

また、「なんで結婚しないの」「つきあっている人はいないの？」「彼氏（彼女）を紹介してあげようか」など、日常会話のなかのなにげない言葉が傷つけてしまうこともあるんだ。

男女別になっているトイレや更衣室も、当事者がなかなか配慮を求めにく

いような現実もあるよね。このような、LGBTの人々が働きにくい職場環境を改善していくのも、企業におけるダイバーシティの取り組みの一つなんだ。

取り組みの第一歩は
職場の倫理規定の整備

 具体的に、どのような取り組みがあるんですか？

 企業のLGBTへの取り組みは、大きくわけると図のように五つある。一つひとつ見ていこう。

　①**社内の倫理規定にLGBTの方への対応や差別の禁止を書き加える**については、倫理規定とは学校で言えば校則のようなものだから、ここに「LGBTの方への差別は行わない」「LGBTの社員が働きやすい環境を整備する」といった文言を盛り込めば、社員全員がその規定を守る必要が出てくるわけなんだ。だから、この倫理規定の整備が、取り組みの第一歩だと言えるね。

　次の②**LGBT理解のための社内研修の実施**は、社員がLGBTについての知識を得てその理解を深めるために行うものだ。「なにが差別にあたるのか」「LGBTの人はなにに苦しんでいてどんな配慮を必要としているのか」をしっかりと学ぶことで、差別を減らすことができると同時に、社内での取り組みをスムーズに進めることができるようになるわけだ。

　③**LGBT社員のための相談窓口の開設**は、LGBTの社員が職場でのハラスメントや困難なことに突き当たったときに相談できる、専用の相談窓口のこと。LGBTの人は、なかなか悩みを他人に相談できずに孤立を深めてしまうケースも多いので、そうした場合のサポート機関として利用してもらうためのものなんだ。

　④**トランスジェンダーへの配慮**は、トランスジェンダーの人はトイレや更衣室で困ることも多いので、「『誰でも

企業におけるLGBTへの取り組み

トイレ（更衣室）』の設置」や、「心の性別に合わせた服装の着用の認可」など、柔軟な対応がやはり重要だね。

⑤に「アライを増やす取り組み」とありますが、「アライ」ってなんですか？

企業内の
LGBT応援隊「アライ」

「アライ（Ally）」というのは、LGBTの方々を積極的に支援する人や企業のことを指すんだ。社内にこうしたアライがたくさん存在すれば、LGBTの人も1人で悩まず相談することもできるし、困難なことが起こったときも、アライのサポートで乗り越えることができるかもしれないね。

どういう取り組みをすれば、アライは増えるんですか。

基本的には、先にのべた倫理規定の整備や社内研修の実施が軸になってくると思うよ。そうした日々の取り組みを進めることよって、LGBTへの理解が深まり、「自分でもサポートしていきたい」という人が増えてくるはずだよね。

ただ、それだけでは誰がアライなのか見えづらいので、たとえば自分のデ

LGBTの象徴「レインボーフラッグ」

スクやパソコンに「レインボーフラッグ（LGBTの尊厳を象徴する旗）」のステッカーを貼って、意思表示をするケースも見られるよね。

また、もう少し進んだ企業では、「アライ・ネットワーク」をつくってLGBT支援に取り組んでいるところもあるんだ。このように、企業が「自分たちはLGBTの人たちを歓迎・支援するアライの取り組みを進めている」ということを積極的にアピールしていく姿勢は大切だね。そうすることで、社内で働く人たちの認識も変わり、LGBTの人たちにとって働きづらかった職場環境も、少しずつ変わっていくはずだよ。企業がアライ宣言をしていると、就職の際も安心だね。

働きやすい職場に勤めるためにどうしたらよいですか？

Q ワークライフバランスや、ダイバーシティの話を聞いて、自分も「誰もが能力を発揮でき、充実した生活も送ることのできる職場」で働きたいと思いました。でもどうすれば、こうした職場を探すことができるのでしょうか？

A 労働環境のよい職場を探すことも大切ですが、自分たちで職場環境を変えていく試みも重要です。

職場環境は自分たちで変えていこう！

「長時間労働のない会社」「ワーク・ライフ・バランスが整っている職場」「女性が働き続けられる環境」で働きたいと思うのは当然ですよね。でも、そのような職場で働くためには、環境の整ったよい会社を探すほかに方法がないんですか？

確かに、職場選びの際に、長時間労働の会社や極端に給料の低い会社は避けることは重要だよね。でも、入口で会社を選ぶだけでは、自分の思い描いた理想の職場にめぐり会えることは、そんなに多くないな。大切なことは、「会社の労働環境を変えていくのは、そこで働く自分たちなんだ」という意識を持つことだよ。

たとえば、育児・介護休業法では、子どもが1歳になるまでしか育休はとれないけれど、3歳まで取得できる制度を持つ会社もあるんだ。このような、「働きやすい職場をつくるための制度改革」は、そこで働く人たちが要求して、初めて変わることも多いんだ。

労働条件を改善させるのは労働者の責務

労働基準法の第1条第2項でも「（労働関係の当事者は）労働条件を低下させてはならないことはもとより、その向上を図るように努めなければならない」と記載されているので、労働条件を改善していくことは、会社やそこで働く人の責務であるとも言えるよね。

実際には、どのように要求していけばいいのでしょうか？

会社に労働組合があれば、まずはそこを通して要求することができるし、組合がなくても、同じ要求を持つ職場の仲間が集まって、会社に要求することも可能だよ。

また、たとえば長時間労働の改善を要求するのであれば、具体的な仕事の

割り振りや段取りを熟知した人が一緒になって、「業務をこのように改善すれば、長時間労働が是正されます」と会社側に働きかければ、その要求も通りやすいと思うよ。

具体的な解決策が見えれば、会社にとっても改善されるに越したことはないですからね。

労働者を守るためのさまざまな約束や取り決めは、会社の就業規則や、労使で結ぶ労働協約などでなされているはずだけど、こうしたものの多くは、実は会社が自然に整備してくれたものではなく、かつて労働組合やその会社で働く人たちが、声をあげて、いろいろな改善を要求してきたからこそ、存在しているものだと言えるんだよ。

また、そういう声に押される形で、男女雇用機会均等法や育児・介護休業制度をはじめ、さまざまな法律が整備されるようになったと言えるね。

だから、これからいろんな職場で働くことになるみんなも、「働きやすい職場は自分たちでつくるんだ」という意識を持って、理不尽なことには声をあげていくことが大切だね。

でも、声をあげるのって、ちょっと勇気がいりますね。

大丈夫！　そのために、私たちはワークルールを学んできたんだから。

声をあげ、働きやすい職場や住みやすい社会をつくろう

「自分たちで要求する」「自分たちで変えていく」という姿勢は、職場だけでなく社会に対して持ち続けることも大切だね。LGBTの人々をサポートするアライのような取り組みは、会社のなかだけでなく社会にも広げることが重要だし、法律が悪いほうに改定されそうであれば、それを止めるように声をあげることも必要なんだ。

職場だけでなく、社会も自分たちで変えていくんですね！

そう。働きやすい職場をつくり、住みやすく暮らしやすい社会をつくる。これは、私たち市民の権利であり義務なんだよ。だからこそ、間違ったことや理不尽なことにはちゃんと声をあげていくことが大切だね。

私もちゃんと自分で考えて、声をあげられるようにがんばります！

監修者プロフィール　上西充子（うえにしみつこ）

法政大学キャリアデザイン学部教授。東京大学大学院経済学研究科第二種博士課程単位取得退学。労働政策研究・研修機構の研究員を経て、2003年より法政大学教員。専門は労働問題、社会政策。著書に『大学生のためのアルバイト・就活トラブルＱ＆Ａ』（旬報社）『大学のキャリア支援』（経営書院）『就職活動から一人前の組織人まで』（同友館）ほか。

これだけは知っておきたい「働くこと」の決まり
10代からのワークルール ❹
ワークルールでつくる豊かな社会

2019年3月15日　初版第1刷発行

監修　上西充子
編集協力　有限会社アジール・プロダクション
執筆協力　村田浩司
イラスト　朝倉千夏
装丁・本文デザイン　ランドリーグラフィックス
編集担当　熊谷満
発行者　木内洋育
発行所　株式会社旬報社
〒162-0041
東京都新宿区早稲田鶴巻町544　中川ビル4F
TEL 03-5579-8973
FAX 03-5579-8975
HP　http://www.junposha.com/
印刷　シナノ印刷株式会社
製本　株式会社ハッコー製本

© Mitsuko Uenishi 2019,Printed in Japan
ISBN978-4-8451-1575-4　NDC366